Voyages Poétiques

Voyages Poétiques

Cirielle Rose D

Soupirer d'aise ou d'ennui de l'aube
jusqu'à la tombée de la nuit

regarder au loin vers l'infini

respirer l'air avant qu'il ne s'enfuie

que cela soit au soleil ou sous la pluie

soupirer , respirer , profiter de la vie

****

Combien de je t'aime prononcés et
pourtant si vite oubliés

Des je t'aime faciles mais rapidement
envolés

Combien de je t'aime murmurés sur
l'oreiller calculés ou ignorés

Des je t'aime pour obtenir les choses
convoitées

Combien de je t'aime spontanés dis
avec un rire ou timidité

Des je t'aime simples mais qui dans les
cœur restent gravés

****

Je serai là à côté de toi même si tu ne me vois pas

Je serai là quand de la peine ta vie s'assombrira

Je serai là lorsque tes larmes couleront et que tu ne les essuient pas

Je serai là quand dans la nuit tu marchera pour guider tes pas

Je serai là quand la solitude te pèsera je te bercerai dans mes bras

Je serai là quand ton heure viendra j'illuminerai ton chemin pour que tu arrive à moi

****

Bonne Année ! Bonne Année ! Quelle Bonne Année ?

quand on vous prend les êtres aimés

quand la souffrance vous assaille de la tête aux pieds

quand on voit la mort en direct à la télé

quand on vous trahis sans aucune pitié

quand le respect s'est envolé

quand l'hypocrisie devient le plus fort allié

mais rassurez vous il vous reste vos yeux pour pleurer alors

Bonne Année !

****

Bonjour la vie !

bonjour aux amis , aux parents à la famille , aux pauvres , aux nantis , aux solitaires , aux prisonniers et aux repentis bonjour à ceux qui se battent contre la maladie , contre l'injustice , contre l'ennui

bonjour aux enfants , aux amours , aux méchants et aux gentils , aux faux et aux vrais amis , à ceux qui sont loin de leur famille , à ceux qui sont en enfer ou au paradis

Bonjour , bonjour la vie !

****

Ecoute le silence en lui résonne des cris

Ecoute le silence il dis beaucoup de choses

Ecoute le silence et son doux murmure

Ecoute le silence quand dans ta tête tout se bouscule

Ecoute le silence il peut t'apporter des solutions

Ecoute le silence si tu te sens seul c'est
un loyal ami

****

Quand tu me touche

Quand tu me frôle

Tu me fais perdre mon self contrôle

****

Dormir pour ne plus penser

Dormir pour ne plus pleurer

Dormir pour oublier

Dormir pour rêver

Dormir pour se reposer

Dormir pour tout effacer

Dormir pour se réconforter

****

*Si tu savais combien je t'aime ,
combien je pense à toi*

*Si tu savais combien cela me peine
d'être si loin de toi*

*Si tu savais combien de fois j'ai rêver
que je suis dans tes bras*

*Si tu savais combien je pleure en
attendant que tu sois là*

*Si tu savais combien ton visage , tes
lèvres manquent à mes doigts*

*Si tu savais combien j'espère te voir et
me serrer contre toi*

*Si tu savais combien mon cœur bat vite
en pensant à toi et pourtant on ne se
connaît pas !*

****

Avec ou sans la distance je ressens toujours ton absence

****

Quand on te trahis et te salis

Quand tu veux crier , frapper pour te soulager

Quand tu te sens blessé , banni

Quand la rage , la haine viennent te torturer

Quand tu as l'impression de perdre le contrôle de ta vie , ne lâche pas ! bas toi encore et encore , montre que tu es fort que rien ne t'anéanti

****

En réel ou en virtuel on peut rencontrer des amis , ceux pour un

jour un mois ou une vie . Il y a des
jeunes , des vieux ceux qui parlent
écoutent jusqu'au bout de la nuit .
Parfois ils deviennent des ennemis
même si ils ont été proches à des
moments précis . Il y a ceux qui ne te
jugent pas ou prennent un air ahuri
quand tu leur raconte tes joies ou tes
soucis , ceux avec qui on partage nos
colères et nos ennuis . Moi j'ai de la
chance parce que dans ma vie j'ai des
amis et des amies et je leur dis
chapeau bas Gentleman et Lady

****

A chaque fois que je reviens je ne veux
plus repartir , assouvir mes désirs et
créer de nouveaux souvenirs , profiter
de ces instants ou tu es mien , t'aimer
t'écouter te toucher de toi me remplir

Respirer ton odeur caresser ta peau et
laisser nos mains s'unirent , dormir
contre toi m'abandonner , te séduire

Repartir avec la tête pleine de toi , seul une chose va me poursuivre , revenir vite revenir

****

Il rêvait d'elle

Elle n'attendait que lui

Il avait besoin d'elle

Elle ne pensait qu'à lui

Ils étaient faits l'un pour l'autre comme le soleil cherche le jour et la lune la nuit

****

Mon cœur t'appartiens je n'en ai plus besoin , rejoins ton destin même si il est loin du mien , envole toi lâche ma main pour nous il n'y a plus de lendemain

****

**Que tu sois de jardin ou des sables tu
est belle et vulnérable , à peine éclose
dans la fraîcheur du matin ou odorante
au coucher du soleil**

**Que tu sois de roseraie ou sauvage ,
tes pétales unies ou de diverses
couleurs , ton doux parfum est
inoubliable**

**Rose de jardin ou des sables ta beauté
est inaltérable**

****

**J'aurai aimé être avec un homme et
vivre un grand amour**

**un homme qui veille sur mon somme et
me parle sans détour**

j'aurai aimé qu'il soit pour moi seule
que ses yeux ne voient rien d'autre aux
alentours

un homme pour qui je sois sa priorité
et le centre de ses pensées

****

A la lumière ton ombre a une couleur
indéfinie , les paroles que tu
prononces ne plaisent pas à mon esprit
avec moi tu pense que c'est acquis
mais tu ne vois pas que de doutes je
suis assaillie

****

J'ai besoin de toi comme le cœur de
ses battements j'ai besoin de toi pour
apaiser mes tourments

****

Fibromyalgie voleuse de vies

Tu entraîne dans les ténèbres , tu aspire dans une spirale infernale , tu joue avec le corps et la tête , tu commande , tu appuie , tu dicte ta loi sans aucun répit .

Fibromyalgie tu brûle , tu frappe, tu envahi , tu brise tout sur ton passage tel une tornade et quand on pense que tu t'es calmée tu reviens de plus belle de peur que l'on t'oublie .

Fibromyalgie tu mord , tu détruis parfois jusqu'à la paralysie , tu hante jour et nuit tu disloque les familles .

Fibromyalgie tu es une vieille maladie et pourtant actuellement la médecine ne peut te maîtriser , tu continue à faire chaque année de nouvelles victimes que tu emprisonne dans ta toile comme une araignée .

Fibromyalgie tu vole trop de vies

****

Après la pluie vient le beau temps

Après l'orage se calment les tourments

Après le néant les étoiles brillent au firmament

Après la souffrance vient l'apaisement

****

A l'ombre de ton cœur je veux rester cachée y passer toutes mes heures et tout oublier , écouter chacun de ses battements et m'endormir lentement , me lover dans cette douceur ou je me sens en sécurité

A l'ombre de ton cœur garde moi pour l'éternité

****

Quand tu n'as plus d'espoir crois

Quand tu souffre crois

Quand tu as peur crois

Quand tu es seul crois

*Quand tu n'as que le vide autour de toi
crois*

Quand tu frissonne dans la nuit crois

*Quand l'amour vient à toi , aime et
crois*

****

Je peux être froide comme l'hiver

Diabolique comme l'enfer

Loyale comme un soldat

tout dépendra de toi

****

Un soleil chaud et éclatant sur une terrasse jouent deux enfants. Une chanson s'échappe de la petite radio posée près de la fenêtre , un homme se rase en sifflotant .

Des chaises basses devant les pas de porte ou les femmes assises discutent en riant .

Une vie simple ou l'on buvait l'eau de la source et dormait tranquillement rideaux bougeant sous le souffle du vent .

Les dimanches à la campagne ou toute la famille réunie autour de la grande table , humait l'odeur de la viande grillée et des mets odorants , les immenses tranches de pastèque juteuses ou l'on mordait à pleines dents .

Les parties de cache cache dans les vignes ou derrière les oliviers , les anecdotes racontées par les oncles , les tantes et les grands parents .

Je garderai à jamais la nostalgie de ces moments de bonheur ou mes parents

étaient encore vivants , c'était le temps
d'avant .

****

Certains regardent mais ne voient pas

D'autres écoutent mais n'entendent
pas

Certains critiquent mais ne savent pas

D'autres subissent mais ne se
plaignent pas

Certains parlent trop et ne rendent pas
compte que parfois le silence est roi

****

J'ai les qualités de mes défauts et les
défauts de mes qualités , mes mots
peuvent parfois dépasser mes pensées
mais je fais jamais rien pour blesser

****

Dans le silence d'un chaud après midi d'été l'air est soudain déchiré par un hurlement , un cri comme celui d'un animal blessé , la mort est venue prendre une vie un jeune homme s'est noyé . La mère tombée à genoux se frappe la tête avec ses deux mains , ses cris ont alertés les voisins . Un brouhaha d'horreur d'incompréhension s'abat sur le quartier , Cosemino gisait les yeux à jamais fermés .

Les volets rabattus quelques bougies allumées renvoient les silhouettes des personnes venues prier et réconforter . Cosemino s'est endormi il ne sourira plus , on n'entendra plus sa vois pleine de gentillesse ni voir ses yeux briller , il est parti rejoindre les anges et de là haut nous protéger .

****

Sous un ciel gris les feuilles s'envolent et tombe la pluie , malgré l'ennui et un peu de mélancolie je vous souhaites un bon dimanche à vous tous réunis

****

La douceur de ta peau

La couleur de tes yeux

L'odeur de ton corps

Les battements de ton cœur

L'empreinte de tes pieds

Tes cheveux décoiffés

Tes gestes inconscients

Cette moue sur ta bouche que j'aime tant

Tout en toi me remue les sangs

****

La haine ce sentiment qui envahit quand l'intolérable fait mal , parce que la souffrance arrache tes cris , tes larmes . Si on te blesse dans ton cœur ou ton âme , si on te dis : c'est rien ! C'est normal !

La haine mûri au fons de nous quand personne ne comprend la rage qui ronge tes entrailles .

La haine ce sentiment qui peut nous pousser à commettre le mal .

****

Ma plage au soleil levant

l'empreinte de mes pieds sur le sable mouillé , sur mon visage la caresse légère d'embruns parfumés , les doux rayons du soleil qui font mes yeux cligner , devant moi mon ombre s'allonge et mon regard sur l'horizon reste fixé , doutes et idée sombres se sont éloignés

Ma plage au soleil couchant

****

Viens entre dans ma danse

Viens on va s'aimer

je vais réveiller tous tes sens je vais te
faire embraser

Viens entre dans ma danse

on va rester enlacés je vais te donner
des baisers amers ou sucrés

Viens entre dans ma danse

De l'odeur de ta peau je veux m'enivrer
je veux que tu rentre en transe et de
mes caresses te réanimer

Viens entre dans ma danse

Viens on va s'aimer

****

Personne ne traverse ta vie sans raison il n'y a pas de hasard . Des êtres ne restent que quelques jours quelques mois ou des années , si elles te sont destinées . Quelles soient loin de toi et que tu ne peux souvent leur parler , elles sont dans ton cœur , tes pensées et un jour tu les trouveras à tes côtés et combleront le manque qu'elles avaient créer sans que rien en réel vous n'aviez jamais rien partagé

****

Printemps es tu vraiment là avec encore de la neige et des frimas ?

Vent soleil pluie on ne sait plus à quoi s'en tenir !

Les arbres bourgeonnent les vertes feuilles frissonnent , tulipes et narcisses sont déjà là mais les Saints de glace ne se décident pas !

L'herbe tendre est sortie accompagnée de pâquerettes et d'orties , les

papillons sont encore chenilles , alors
Printemps tu viendras ou tu ne
viendras pas ?

****

Eté

de la douceur du crépuscule à la
chaleur du jour , les roses ont mis leur
robe de velours , le jasmin a parfumé
ruelles et allées , les glycines sont
affaissées , les coquelicots mêlés aux
épis de blé . Les arbres sous lesquels
l'on se couche et somnole à l'ombre
des branches chargées de fruits et de
feuilles . De la fraîcheur de l'aube au
ciel d'étoiles constellé Eté tes bienfaits
sont toujours appréciés .

****

L'automne est arrivé avec ses couleurs flamboyantes , ses pluies fines et ses journées ensoleillées

L'automne est arrivé avec ses nuits plus fraîches et ses paysages colorés

L'automne est arrivé avec son cortège de fruits et de fleurs dorés

L'automne est arrivé alors profitez de cette belle saison qui rythme la fin de l'été

****

La neige tombe lentement

les flocons s'écrasent doucement

la neige tombe sur les maisons

les toits sont recouverts de blanc

la neige tombe au fond des âmes sur les cimetières et les campagnes

la neige tombe sur les arbres faisant
plier leurs lourdes branches luttant
contre bourrasque et vent

la neige tombe monotone s'arrête
quelques instants puis reprend pour
tout couvrir de son manteau blanc

****

Facebook

un petit monde ou l'on trouve toutes
sortes de personnes :

les gentils , les méchants , les voyeurs
et les menteurs , il y a aussi les
chercheurs , les profiteurs et les
manipulateurs . A ceux-ci s'ajoutent les
honnêtes , les usurpateurs , les râleurs
les ennemis les frères , les sœurs et
bien sûr les amis et amies de cœur

****

Il pleut dans ma tête je pense aux jours heureux ceux ou nous étions deux à ces moments fabuleux même si le ciel n'était pas toujours bleu , nous avions des paillettes plein les yeux .

Il pleut dans ma tête mon cœur saigne mon corps est douloureux , mon âme a perdu une partie de nous deux , tu gis dans ce cercueil entouré de tous ceux venus te rendre hommage les larmes plein les yeux .

Il pleut dans ma tête nous ne sommes plus deux , me hante le souvenir des jours heureux .

****

Tu peux changer de peau

mais si tu es pourri tu l'es de la moelle jusqu'aux os

****

Paroles douces paroles amères ,
paroles tendres paroles dans le vent
paroles saintes , paroles veines paroles
qui peinent .

Paroles qui touchent paroles qui
blessent , paroles fausses paroles
ambigües , paroles qui s'envolent
paroles vraies , paroles qui restent .

Paroles paroles paroles toujours
beaucoup de paroles !

****

Hommage à toi

Toi qui est resté longtemps près de moi
qui a partagé tout avec moi qui a été là
dans les bons et mauvais moments ,
dans les pires et affreuses situations
qui a veiller sur moi de près ou de loin
qui m'est venu en aide et souffert avec
moi .

Toi qui s'est sacrifié m'a tout donné pour me voir sourire , qui a fait passer mon bien être avant le tien .

Toi qui m'a respectée et aimée comme personne ne l'avait fait , tu n'est pas un homme avec un grand H mais un ange parmi les humains .

Toi si gentil si doux comment te remercier ? Je ne trouves pas de mots assez beaux pour exprimer ma gratitude , tu aura toujours une place immense dans mon cœur , je souhaite que Dieu prenne soin de toi qu'il te donne le bonheur la santé la force et le courage que tu mérite plus que quiconque ici bas .

Hommage à toi

****

Notre Dame a mal le feu a ravagé ses entrailles , la chaire est partie en fumée sa Flèche s'est effondrée

Quelle tristesse ce spectacle ou tout est enflammé , des prières des larmes sont venues accompagner la vénérable Dame qui ne peut que constater les dégâts causés !

Des messages de soutien sans distinction ou religion sont arrivés pour honorer Notre Dame qui a accueilli hommes et femmes depuis tant d'années

****

Edition : Books on Demand,
12/14 rond-Point des Champs-Elysées, 75008 Paris
Impression : BoD - Books on Demand, Norderstedt, Allemagne
ISBN : 9782322089970
Dépôt légal : Juin 2019